처음 만나는 성경 이야기

교회생활 매뉴얼 3

처음 만나는 성경 이야기

교회와 신앙을 이해하는 새 신자 GUIDE

교회에 첫발을 내딛는 분들을 위한 성경 안내서

주기철 지음

생명의 양식

저자 서문

『교회생활 매뉴얼』 시리즈의 세 번째 권인 『처음 만나는 성경 이야기』를 집필하게 되어 감사한 마음입니다. 이 책은 성경을 처음 접하는 분들이 성경의 본질과 구조, 중심 메시지를 이해하고, 말씀을 삶에 적용할 수 있도록 돕기 위한 안내서입니다. 그동안 수많은 신자가 성경 앞에서 막막함과 두려움을 느끼는 것을 보았습니다. 이 책이 그런 분들을 위한 작은 동행자가 되길 소망하며 썼습니다.

성경은 단순히 종교적 규범이나 도덕적 교훈이 담긴 책이 아닙니다. 살아 계신 하나님께서 인간에게 자신을 계시하신 말씀이며, 인간의 역사를 관통하는 구속의 드라마입니다. 이 책은 성경이 '하나님의 말씀'이라는 사실을 인식하고,

우리 삶에 어떤 의미가 있는지 깊이 있게 소개하려고 하였습니다.

내용 구성에서는 성경을 처음 접하시는 분들이 부담 없이 접근할 수 있도록 용어와 문장을 쉽게 풀어쓰되, 본질을 놓치지 않도록 신학적 정확성과 균형을 유지하려 애썼습니다. 성경이 한 권의 책이 아니라 여러 책으로 구성된 모음집이라는 점, 그 안에 일관된 구원의 흐름이 존재한다는 점, 그리고 그 말씀을 오늘 우리의 삶 속에서 어떻게 구현해낼 수 있는지를 차근차근 안내하고자 했습니다.

무엇보다도, 이 책을 통해 독자들이 성경을 단순한 정보의 책이 아니라, 하나님과 만남을 위한 책으로 인식하게 되기를 간절히 바랍니다. 하나님께서 말씀을 통해 우리를 어떻게 부르시고 인도하시는지를 경험하게 되기를 바랍니다.

이 책이 단지 성경 지식을 제공하는 데 그치지 않고, 하나님과 동행하는 여정의 시작점이 되기를 소망합니다. 특별히 말씀 앞에서 낯설고 두려운 첫발을 내딛는 분들에게 따뜻한 길잡이가 되기를 기도합니다. 함께 이 시리즈를 기획하고 동역해 주신 황원하 목사님과 출판을 위해 애써 주신 총회교육원과 출판실 관계자들께 깊은 감사를 드립니다.

2025년 7월

주기철

차례

시리즈 서문

저자 서문

제1장

성경과 첫 만남 - 성경이란 어떤 책일까요? … 9

•

제2장

성경은 어떻게 구성되어 있나요? … 21

•

제3장

성경의 핵심 메시지는 무엇인가요? … 47

•

제4장

성경을 어떻게 읽으면 좋을까요? … 67

•

제5장

성경과 우리 삶을 비교해 볼까요? … 83

제1장

성경과 첫 만남

-성경이란 어떤 책일까요?

제 1 장

성경과 첫 만남

– 성경이란 어떤 책일까요?

1. 낯설지만 설레는 책

어떤 책이든 처음 펼쳐 들 때 느끼는 감정이 있습니다. 기대감과 호기심으로 설레는 마음이 들기도 하지만, 어디서부터 읽어야 할지 몰라 막막한 부담감이 함께 찾아오기도 합니다. 성경을 처음 접하는 분들도 이러한 복합적인 감정을 느낄 것입니다. 성경은 두껍고 낯선 이름이 많으며, 그 배경 또한 현대와는 거리가 있어 보입니다. 어떤 사람은 성경을 고대 종교 문서로 여기고, 또 다른 사람은 성경을 도덕적인 교훈이 담긴 책정도로 받아들이기도 합니다.

그러나 성경을 조금씩 이해하며 읽기 시작하

면, 그 안에 담긴 깊은 의미와 하나님께서 우리에게 주신 놀라운 메시지를 발견하게 됩니다. 성경은 여러 개의 고대 문서 중 하나가 아닙니다. 하나님의 말씀이며, 우리 삶의 방향을 제시하는 등불과 같은 책입니다.

우리가 성경을 읽는 이유는 종교적 의무를 다하기 위함도, 지식을 쌓기 위함도 아닙니다. 성경은 하나님을 알고, 그분의 뜻을 깨닫고 우리의 삶이 변화되는 길로 초대하는 책입니다. 성경을 읽는 것은 곧 하나님과 만남을 시작하는 일입니다. 그렇기에 이 책을 어떤 마음으로 대할 것인지, 또 어떻게 읽을 것인지 아는 것은 매우 중요합니다.

이제 우리는 성경이 단지 오래된 문서가 아니라, 하나님께서 우리를 향해 지금도 말씀하시는 '살아 있는 책'이라는 사실을 바탕으로, 성경의 본질과 의미를 함께 살펴보려 합니다. 그 첫걸음으로, '성경이란 어떤 책인가'에 관해 생각해보려고 합니다.

2. 성경은 어떤 책일까요?

성경은 기독교 신앙의 중심에 있는 책입니다. '성경'이라는 말은 헬라어 비블리온(biblion)에서 유래되었는데, 이는 '책' 또는 '두루마리'를 뜻합니다. 이 단어의 복수형인 비블리아(biblia)를 사용하면서, 성경이 여러 책으로 구성된 모음집이라는 의미를 담게 되었습니다. 실제로 성경은 구약 39권과 신약 27권, 총 66권으로 이루어져 있으며, 다양한 시대와 저자들에 의해 기록되었습니다. 이런 의미에서 성경은 단일 인간 저자가 단일 주제를 쓴 책은 아닙니다. 성경은 서로 다른 배경과 시대를 살았던 수십 명의 저자에 의해 기록되었습니다. 그럼에도, 모든 책이 한 가지 중심 메시지—곧 하나님의 구원 계획—를 전하고 있다는 사실은 놀랍지 않을 수 없습니다.

무엇보다도 성경은 하나님께서 사람에게 주신 특별한 계시의 말씀입니다. 우리는 자연이나 양심을 통해 하나님이 살아계시다는 사실을 어느 정도 느낄 수 있습니다. 이를 '일반

계시'라고 부릅니다. 그러나 하나님이 어떤 분이신지, 우리를 얼마나 사랑하시는지, 우리가 어떻게 살아야 하는지는 자연만으로는 알 수 없습니다. 그래서 하나님께서 사람에게 직접 말씀하셨고, 그 말씀을 기록하게 하셨습니다. 그것이 바로 성경이며, 우리는 이를 '특별계시'라고 부릅니다. 성경은 하나님의 뜻이 구체적으로 담긴, 특별 계시의 완전한 형태입니다.

그렇다면, 하나님께서는 왜 당신의 말씀을 '글'로 기록하게 하셨을까요? 그것은 하나님께서 어느 한 시대에만 국한되지 않고, 모든 세대와 모든 민족에게 동일하게 말씀하시기 위함입니다. 기록된 말씀은 시대를 초월해서 하나님의 음성을 전하는 가장 확실한 수단이기 때문입니다. 따라서 성경은 하나님께서 지금, 이 순간에도 우리에게 직접 말씀하시는 '살아 있는 책'입니다. 우리는 성경을 통해 하나님의 음성을 듣고, 그분의 마음을 알 수 있으며, 그 말씀은 우리의 신앙과 삶에 가장 확실한 기준이 됩니다.

성경이 어떤 책인지 올바로 이해하는 것은, 그 말씀을 진심으로 받아들이는 데 있어 매우 중요한 첫걸음입니다. 성경은 여러 고대 종교 문서 중 하나가 아니라, 우리의 삶을 변화시키는 하나님의 말씀이기 때문입니다.

3. 하나님의 말씀으로서 성경

많은 사람은 성경을 인간이 쓴 책이라고 생각합니다. 실제로 성경은 1,500여 년에 걸쳐 40여 명의 저자에 의해 기록되었습니다. 이 저자들은 서로 다른 시대, 지역, 문화 속에서 살았으며, 그들의 신분 또한 매우 다양했습니다. 어떤 이는 왕이었고, 어떤 이는 목자였습니다. 어떤 이는 선지자였고, 또 다른 이는 어부였습니다. 예를 들어, 모세는 왕궁에서 교육받은 지도자였고, 다윗은 목동이자 시인이며 이스라엘의 왕이었습니다. 마태는 세리였고, 누가는 의사였습니다. 이처럼 다양한 배경을 지닌 사람들이 성경을 기록했음에도 불구하고, 성경 전체는 하나님의 구원 계획이라는 하나의 중심 메시지를 분명히 전달하고 있습니다.
이 사실은 성경이 단순히 인간이 만들어낸 산물이 아니라, 하나님의 감동으로 쓰인 말씀임을 보여주는 강력한 증거입니다.
베드로후서 1장 21절은 이렇게 말합니다.

"예언은 언제든지 사람의 뜻으로 낸 것이 아니요, 오직 성령의 감동하심을 입은 사람들이 하나님께 받아 말한 것이라."

이처럼 성경의 저자들은 성령의 인도하심 아래 하나님의 말씀을 기록했는데, 이를 '성경의 영감'이라 부릅니다. 이는 각 저자의 개성과 문체는 드러나지만, 그 기록의 내용은 하나님의 뜻을 온전히 담고 있다는 의미입니다.
성경은 오류가 없는 하나님의 말씀입니다. 시대가 바뀌고 문화가 달라져도 성경은 변하지 않는 진리를 담고 있습니다. 인간의 의견이나 감정이 담긴 책이 아니라, 창조주 하나님의 뜻이 기록된 책입니다.
성경은 또한 우리의 삶과 신앙의 기준이 됩니다. 우리는 살아가면서 수많은 갈림길에 서고, 무엇이 옳은지 그른지를 판단해야 할 혼란스러운 상황을 맞을 때가 많습니다. 그럴 때 성경은 등불처럼 우리의 길을 밝혀 줍니다.
시편 119편 105절은 이렇게 고백합니다.

"주의 말씀은 내 발에 등이요, 내 길에 빛이니이다."

갈등 속에서 용서가 어려울 때 성경은 "서로 용납하고 피차 용서하라"고 말씀합니다. 세상의 가치와 믿음 사이에서 고민할 때는 "그의 나라와 의를 먼저 구하라"고 가르칩니다. 이처럼 성경은 우리의 삶을 이끄는 살아 있는 말씀입니다.

마무리하며

성경은 정보를 전달하거나 금언을 기록해놓은 책이 아닙니다. 하나님과 대화하는 통로이자, 그분의 마음과 뜻을 만나는 자리입니다. 우리가 사랑하는 사람의 편지를 여러 번 읽듯이, 성경도 반복해서 읽으며 하나님의 사랑을 느끼는 책입니다. 처음에는 낯설고 어렵게 느껴질 수 있습니다. 어떤 구절은 이해하기 힘들고, 익숙하지 않은 표현도 많습니다. 그러나 말씀 앞에 머물며 포기하지 않을 때, 우리는 조금씩 하나님의 마음을 알아가게 됩니다.

성경은 하나님께서 우리에게 보내신 사랑의 편지입니다. 이 책은 여러분이 성경과 첫 발걸음을 내딛도록 돕기 위해 쓰였습니다. 그리고 바로 지금, 이 순간이 성경과 첫 만남입니다. 두려워하거나 부담가지지 마십시오. 하나님은 성경을 통해 여러분을 만나기를 원하십니다.

나눔

1. 성경을 처음 접했을 때 어떤 느낌이 들었나요? 기대감, 부담감, 두려움, 낯섦 등 솔직한 감정을 나눠 보세요.

2. 지금까지 성경에 대해 가지고 있었던 생각은 어떤 것이었나요? 오해나 질문이 있었다면 함께 나눠보세요.

3. '하나님의 말씀'이라고 할 때, 그 말은 당신에게 어떤 의미인가요? 단순한 종교 서적과 어떤 점이 다르게 느껴지나요?

4. 성경이 '우리 삶의 방향을 제시하는 등불'이라는 표현에 공감되시나요? 삶의 갈림길에서 말씀이 어떤 역할을 할 수 있을지 나눠보세요.

5. 이 장을 읽고 성경을 읽고 싶은 마음이 생기셨나요? 생겼다면 어떤 부분이 동기를 주었나요? 망설여진다면 그 이유는 무엇인가요?

제2 장

성경은 어떻게 구성되어 있나요?

제 2 장
성경은 어떻게 구성되어 있나요?

1. 성경, 어디서부터 어떻게 읽을까요?

성경은 우리가 하나님을 알고, 그분의 뜻을 이해하도록 돕는 책입니다. 그러나 처음 성경을 펼치면, 방대한 분량과 낯선 이름과 지명, 계속되는 긴 이야기 앞에서 어디서부터 읽어야 할지 막막함을 느끼기 쉽습니다. 마치 백과사전을 처음부터 끝까지 읽으려는 느낌이 들 수도 있습니다.

"이걸 다 이해할 수 있을까?"

"왜 이렇게 복잡하지?"

누구나 처음엔 그렇게 느낍니다. 괜찮습니다.

모두가 그랬습니다.

이럴 때는 성경이 어떤 구조로 구성되어 있

는지, 어떤 흐름을 따라 전개되는지를 이해하는 것이 아주 중요한 출발점이 됩니다. 전체적인 구조와 큰 줄기를 알고 나면, 말씀 속에서 길을 잃지 않고 하나님의 메시지를 더욱 분명하게 발견할 수 있습니다.

이 장에서는 성경이 어떻게 나누어져 있는지, 구약과 신약의 흐름은 무엇인지, 성경 안의 다양한 장르와 형식은 어떤 것이 있는지, 그리고 성경이 어떻게 기록되고 보존되었는지를 함께 살펴보려 합니다.

이어질 내용은 여러분이 말씀의 세계로 들어갈 수 있도록 돕는 나침반이 되어 줄 것입니다.

2. 구약과 신약의 차이

성경은 크게 구약과 신약, 두 부분으로 나뉩니다. 여기서 '약'은 '언약' 또는 '계약'을 뜻하는 말입니다. 즉, 구약은 하나님과 인간 사이의 '옛 언약'을, 신약은 '새 언약'을 의미합니다. 구약은 예수님께서 이 땅에 오시기 전까지의 역사를 담고 있습니다. 하나님께서 이스라엘을 택하시고, 율법을 주시며, 선지자들을 통해 구원자의 오심을 약속하시는 과정이 기록되어 있습니다. 창조부터 아브라함과의 언약, 출애굽, 왕국의 흥망성쇠, 선지자들의 외침에 이르기까지, 하나님의 끊임없는 사랑과 인도하심이 구약 전편에 걸쳐 펼쳐집니다.

그리고 신약은 그 약속이 예수 그리스도 안에서 성취된 이야기입니다. 예수님의 탄생과 사역, 십자가 죽음과 부활, 그리고 초대교회의 시작과 그리스도인의 삶에 대한 기록이 담겨 있습니다. 구약이 '기다림의 시대'라면, 신약은 '성취의 시대'입니다. 구약이 오실 메시아이신 예수님에 관한 내용이라면, 신약은 오신 메시아이신 예수님에 관한 내용을 담고 있습니다.

이 두 언약은 따로 떨어진 이야기가 아니라, 하나로 이어지는 구원의 역사입니다. 그러므로 우리는 성경 전체를 함께 읽으며, 하나님의 구원 계획을 더 깊고 입체적으로 이해할 필요가 있습니다.

3. 구약의 흐름과 핵심 내용

구약은 총 39권으로 구성되어 있으며, 창조로 시작해 메시아에 대한 예언으로 끝이 납니다. 그 안에는 수많은 사건과 인물이 등장하지만, 모든 이야기는 하나의 큰 흐름 안에 있습니다. 바로, 하나님께서 죄 가운데 있는 인류를 구원하시기 위해 준비하시는 이야기입니다. 이제 구약의 큰 흐름을 여섯 부분으로 나누어 살펴보겠습니다.

(1) 창조와 타락 - 하나님의 질서와 인간의 선택(창세기 1-3장)

성경은 "태초에 하나님이 천지를 창조하시니라"(창 1:1)라는 장엄한 선언으로 시작합니다. 하나님은 혼돈 속에 질서를 세우시고, 빛과 어둠, 하늘과 땅, 동식물과 인간을 창조하셨습니다. 특히 인간은 하나님의 형상대로 지음을 받아, 창조 세계를 돌보고 하나님과 교제하는 특별한 존재로 세워졌습니다. 그러나 아담과 하와는 하나님의 명령을 어기고 에덴동산 중앙에 있는 나무의 열매(창 2:3), 소위 선악을 알게 하는 나무의 열매를 먹음으로써 죄가 세상에 들어오게 됩니다. 이 사건은 하나님의 주권을 거스른 불순종의 반역이었습니다. 그 결과, 인간은 하나님과 관계가 단절되고, 죄와 죽음, 고통이 세상에 퍼지게 됩니다. 이것이 타락의 시작입니다. 그러나, 하나님은 곧바로 당신의 구원 계획을 인간에게 보여주십니다(창 3:15).

(2) 언약과 민족의 형성 - 약속으로 시작된 하나님의 백성 이야기(창세기 ~ 신명기)

하나님은 타락한 세상 가운데에서도 회복의 길을 열기로 작정하셨습니다. 그 시작은 한 사람, 아브라함을 부르신 것으로 시작됩니다. 하나님은 아브라함과 언약을 맺으시고, 그의 자손을 통해 큰 민족을 이루며, 그 민족을 통해 모든 민족이 복을 받게 하겠다고 약속하십니다.

아브라함의 자손은 이삭과 야곱을 거쳐 열두 지파로 이어지고, 이들은 애굽(이집트)에서 번성하지만 결국 노예가 됩니다. 하나님은 모세를 부르셔서 이들을 애굽에서 구원해 내시고(출애굽), 시내 산에서 율법과 언약을 주십니다. 하나님은 이스라엘을 '내 백성'이라 부르시며, 거룩한 나라로 세우십니다. 이 시기는 하나님이 한 민족을 구원의 도구로 준비하시며, 율법을 통해 하나님의 성품과 뜻, 그리고 거룩함을 구체적으로 나타내신 시기입니다.

(3) 약속의 땅과 사사 시대 - 순종과 불순종 사이의 반복된 이야기(여호수아 ~ 사사기)

모세의 후계자 여호수아는 이스라엘 백성과 함께 가나안 정복 전쟁을 성공적으로 이끕니다. 이스라엘 백성은 하나님께서 약속하신 가나안 땅에 들어가 지파별로 유산을 분배받습니다. 가나안 땅은 단지 정복의 대상이 아니라, 하나님의 백성으로 거룩하게 살아가야 할 장소였습니다. 그러나 이스라엘은 곧 하나님의 말씀을 잊고, 이방 민족의 우상과 문화에 물들기 시작합니다. 하나님은 그들을 징계하시고, 그들이 회개할 때마다 사사들(왕이 없던 시대의 지도자)을 세워 구원하십니다. 이 시기의 특징은 "이스라엘에 왕이 없으므로 각기 자기 소견에 옳은 대로 행하였더라"(삿 17:6; 18:1; 19:1; 21:25)라는 말씀처럼, 불순종과 회복이 반복되는 영적 혼돈의 시대였습니다.

(4) 왕국 시대와 분열 - 인간이 왕을 요구하고, 하나님의 계획이 드러남(사무엘서 ~ 열왕기서, 역대기서)

이스라엘 백성은 하나님을 왕으로 섬기는 신정 체제 대신, 눈에 보이는 인간 왕을 요구합니다. 하나님은 사울을 첫 왕으로 세우셨지만, 그는 불순종으로 버림받습니다. 그 후 다윗이 왕이 되고, 하나님은 그와 언약을 맺어 그의 자손을 통해 영원한 나라를 세우겠다고 약속하십니다. 다윗의 아들 솔로몬은 지혜와 번영의 시대를 열었지만, 점차 하나님을 떠나 우상 숭배에 빠지게 됩니다. 그 결과 왕국은 남 유다와 북 이스라엘로 분열합니다. 이후 우상 숭배, 사회적 불의, 형식적인 종교가 만연하고, 하나님께서는 선지자들을 보내어 경고하시지만 결국 북 이스라엘은 앗수르에, 남 유다는 바벨론에 의해 멸망합니다.

(5) 포로기와 회복 - 심판 속에서도 끝나지 않은 하나님의 약속(예레미야, 에스겔, 다니엘, 에스라, 느헤미야 등)

예루살렘이 무너지고 성전이 파괴되며, 백성들은 바벨론에 포로로 끌려갑니다. 그러나 하나님은 그들을 완전히 버리지 않으셨습니다. 하나님은 예레미야, 에스겔, 다니엘 등 포로 시대의 선지자들을 통해, 당신의 뜻과 회복의 약속을 선포하도록 하십니다.

특히 예레미야 29장 11절은 이렇게 말씀합니다.

"너희를 향한 나의 생각을 내가 아나니, 재앙이 아니라 평안이요, 너희에게 미래와 희망을 주는 것이니라."

이후 바사 왕 고레스의 칙령으로 일부 유대인들이 예루살렘으로 귀환하고, 에스라와 느헤미야의 지도로 성전과 성벽이 재건됩니다. 이 회복은 단지 건물의 복구가 아니라, 말씀을 중심으로 다시 하나님의 백성답게 서기 위한 영적 회복이었습니다.

(6) 선지자들의 예언과 메시아의 약속 - 어둠 속에서 빛을 기다림

구약 후반기, 하나님은 여러 선지자를 통해 백성의 죄를 책망하고, 심판과 회개, 그리고 오실 메시아에 대한 소망을 선포하십니다. 이사야는 “처녀가 아들을 낳을 것이며, 그 이름은 임마누엘이라 하리라”(사 7:14)고 예언합니다. 예레미야는 마음에 새겨질 새 언약을 약속하고(렘 31:31-34), 에스겔은 마른 뼈에 생기가 들어가 다시 살아나는 환상으로 부활과 회복을 보여줍니다(겔 37:1-11). 말라기는 ‘주의 길을 예비하는 자’가 올 것을 예언하며(말 3:1; 4:5-6), 구약의 마지막 장을 끝냅니다. 이 시기는 말씀이 끊긴 400년의 침묵기로 이어지지만, 하나님의 약속은 절대 끝나지 않았습니다. 구약은 예수 그리스도를 향한 기다림의 역사이며, 복음의 서곡입니다.

구약은 고대 역사 이야기를 기록해놓은 책이 아닙니다. 그 안에는 죄 가운데 있는 인간을 구원하시려는 하나님의 끊임없는 사랑과 인내, 그리고 놀라운 구원의 계획이 담겨 있습니다. 이제 구약의 흐름을 이해한 여러분은, 성경을 읽을 때마다 이 큰 그림 안에서 사건과 인물을 바라보게 될 것입니다. 그리고 점점, 이 구원 이야기 속에 나의 자리가 있다는 감동을 경험하게 될 것입니다.

4. 신약의 흐름과 중심인물

신약은 총 27권으로 구성되어 있으며, 그 중심에는 예수 그리스도께서 계십니다. 구약에서 오랫동안 예언되었던 메시아가 바로 예수님이며, 그분을 통해 하나님의 구원 계획이 실현됩니다. 신약은 하나님께서 예수 그리스도를 통해 이루신 구원의 역사를 기록하고 있으며, 그 구원이 개인과 교회, 그리고 세상 속으로 어떻게 확장되어 가는지를 보여줍니다. 신약의 흐름은 크게 네 부분으로 나뉘어 이어집니다.

- 복음서(마태, 마가, 누가, 요한)에서는 예수님의 탄생과 사역, 죽음과 부활을 통해 구원의 문이 열리는 사건이 중심이 됩니다.

- 사도행전에서는 그 구원이 제자들과 초대교회를 통해 예루살렘에서 유대와 사마리아, 땅끝까지 확장되어 가는 과정을 보여줍니다.

- 서신서(바울서신과 일반서신)에서는 그 구원이 믿는 자들의 삶 속에서 어떻게 구체화하는지, 즉 삶의 변화와 공동체의 원리가 강조됩니다.

- 요한계시록은 성경의 마지막 책으로, 이 모든 구원의 역사가 완성을 향해 나아가는 거대한 비전을 제시합니다.

이 네 흐름은 각각 따로 떨어진 것이 아니라, 하나의 큰 이야기 속에 유기적으로 연결된 구속의 여정입니다. 그리고 바로 그 이야기 속에는 오늘을 살아가는 우리의 삶도 포함되어 있습니다.

(1) 복음서 - 예수 그리스도의 오심과 복음의 시작

신약의 첫 네 권인 마태복음, 마가복음, 누가복음, 요한복음은 예수님의 탄생부터 공생애, 가르침과 기적, 고난과 죽음, 부활과 승천에 이르기까지의 전 과정을 담고 있습니다. 복음서는 단순한 전기나 연대기가 아닙니다. 그것은 하나님의 아들이신 예수님께서 어떻게 이 땅에 오셨는지, 왜 오셨는지, 그리고 그분의 삶과 죽음을 통해 어떻게 구원이 이루어졌는지를 분명히 드러내는 기록입니다.
각 복음서는 각 저자가 가진 다른 관점과 강조점을 통해 예수님을 증언합니다.

마태복음은 예수님께서 구약의 예언을 성취하신 메시아이심을 강조하며, 유대인의 왕으로 오신 그분의 권위와 가르침을 보여줍니다.

- 마가복음은 짧고 간결한 문체로, 고난받는 종으로서 예수님의 능력 있는 사역의 모습을 집중적으로 묘사합니다.

- 누가복음은 역사적 정확성에 기반하여, 특히 사회적 약자와 이방인, 여성과 가난한 자들을 향한 예수님의 긍휼과 포용을 강조합니다. 이를 통해 인류 전체를 위한 구주로서 예수님을 보여줍니다.

- 요한복음은 예수님의 신성과 하나님의 아들 되심에 초점을 맞추며, 그를 믿는 자에게 영원한 생명이 주어진다는 메시지를 강하게 전합니다.

이처럼 복음서는 예수님이 누구신지, 그리고 그분이 왜 이 땅에 오셨는지를 중심에 두고, 하나님의 구속 사역이 어떻게 시작되었는지를 가장 분명하게 보여주는 책입니다.

(2) 사도행전 - 성령의 역사와 복음의 확장

복음서 이후의 이야기인 사도행전은 예수 그리스도의 승천 이후, 성령께서 강림하시고 초대교회가 태동하는 과정을 생생하게 기록하고 있습니다.

사도행전은 예수님께서 제자들에게 하신 약속, 곧 "성령이 너희에게 임하시면, 너희가 권능을 받고 예루살렘과 온 유대와 사마리아와 땅끝까지 이르러 내 증인이 되리라"(행 1:8)는 말씀에서 시작됩니다. 이 약속은 오순절 성령 강림 사건을 통해 실현되었고, 그 순간부터 두려움에 떨던 제자들은 담대하게 복음을 전하는 증인들로 변화됩니다.

사도행전 전반부는 베드로를 중심으로 한 예루살렘 교회의 성장과 박해, 그리고 복음이 유대인 공동체를 넘어 사마리아와 이방 세계로 퍼져가는 과정을 보여줍니다.

후반부는 사도 바울의 회심과 선교 사역을 중심으로, 복음이 소아시아와 유럽, 나아가 로마 제국의 심장부까지 전해지는 역동적인 여정을 기록합니다.

사도행전은 복음이 민족과 언어, 문화를 넘어 전 인류에게 확장되는 과정을 통해, 오늘날 교회가 어떤 존재로 살아가야 하며, 어떤 사명을 감당해야 하는지에 대한 본을 제시하는 책입니다.

(3) 서신서 - 믿음의 삶과 교회의 실제 모습

신약 대부분을 차지하는 서신서는 사도들이 각 지역의 교회와 성도들에게 보낸 서신으로 구성되어 있습니다. 이 서신들은 초대교회가 실제로 직면했던 다양한 문제들—신앙의 혼란, 이단의 위협, 공동체 내 갈등, 도덕적 타락 등—에 대한 사도들의 권면과 가르침을 담고 있습니다. 서신서는 복음이 단지 머리로 아는 진리가 아니라, 삶으로 살아내야 할 진리임을 분명하게 보여줍니다.

① 바울서신 - 복음의 교리와 실천

로마서부터 빌레몬서까지는 '바울서신'으로 불리며, 사도 바울이 로마 제국 곳곳에 세워진 교회와 동역자들에게 보낸 서신입니다.

- 로마서는 복음의 교리적 핵심을 깊이 있게 다루며, '의인은 믿음으로 말미암아 살리라'(롬 1:17)라는 주제를 중심으로 복음의 본질을 설명합니다.

- 고린도전후서는 교회 내 분열, 은사 문제, 윤리적 혼란 등 실제적인 문제에 대해 구체적인 해법을 제시합니다.

- 갈라디아서와 에베소서는 율법과 은혜의 관계, 그리고 교회의 정체성과 본질에 관해 설명합니다.

- 빌립보서와 골로새서는 고난 중에도 기쁨을 잃지 않는 믿음, 그리고 그리스도 중심의 신앙생활을 강조합니다.

- 디모데전후서와 디도서는 젊은 목회자들을 위한 권면으로, 교회를 어떻게 건강하게 세워야 하는지를 보여줍니다.

② 공동서신 - 보편 교회를 향한 권면

히브리서부터 유다서까지는 '공동서신'(혹,

일반서신)이라 불리며, 특정 교회가 아니라 여러 교회와 광범위한 독자를 대상으로 쓰였습니다.

- 히브리서는 구약의 제사 제도와 예수 그리스도의 대제사장 되심을 연결하여, 새 언약의 탁월함과 영적 깊이를 드러냅니다.

- 야고보서는 '행함이 없는 믿음은 죽은 것'이라는 메시지를 통해, 실제 삶 속에서 드러나는 실천적 신앙을 강조합니다.

- 베드로전후서, 요한일·이·삼서, 유다서는 거짓 교사에 대한 경고, 고난 중의 소망, 그리고 사랑과 진리의 실천을 주제로 성도들에게 믿음의 길을 권면합니다.

서신서는 복음이 교리로만 머무르지 않고, 실제 삶과 공동체 속에서 어떻게 뿌리내리고 열매 맺어야 하는지를 친절하게 안내하는 책들입니다. 서신서는 믿음이 삶과 분리되지 않고, 일상의 선택과 관계, 공동체 안의 행동 속에

녹아 있어야 함을 분명하게 가르쳐 줍니다.

(4) 요한계시록 - 고난 속에서도 끝까지 인내하는 소망

신약의 마지막 책인 요한계시록은 사도 요한이 밧모섬에 유배되어 있을 때, 하나님께 받은 환상을 기록한 책입니다. 이 책은 고난받는 성도와 교회에 주어진 하나님의 위로와 격려의 메시지이며, 종말의 혼란 속에서도 하나님께서 역사하고 계시며, 결국 승리는 하나님께 있다는 진리를 선포합니다. 요한계시록은 상징과 비유로 가득 차 있지만, 그 중심에는 한 가지 분명한 메시지가 흐르고 있습니다. 지금은 박해와 혼란의 시기일지라도 하나님의 계획은 중단되지 않았으며, 결국 하나님의 나라가 완성될 것이라는 약속입니다.

- 일곱 교회를 향한 메시지에서는, 성도가 믿음을 지키고 세상과 타협하지 말 것을 권면합니다.

- 하늘 보좌의 환상과 어린 양의 찬송은 예수 그리스도의 승리와 하나님의 절대 주권을 찬양합니다

- 마지막으로 새 하늘과 새 땅의 약속은, 이 땅의 눈물과 고통이 끝나는 날, 하나님과 함께하는 완전한 회복의 날이 올 것이라는 소망을 전해 줍니다.

요한계시록은 혼란과 고난 가운데 있는 성도들에게 말합니다.
"지금, 이 순간이 전부가 아니다."
하나님은 역사의 마지막 장면에서도 여전히 주인이시며, 그분의 계획은 반드시 이루어진다는 확신을 주는 말씀입니다.
이처럼 신약은 단지 과거의 사건을 기록한 책이 아닙니다. 예수 그리스도의 오심으로 시작된 구원의 이야기는 사도들과 초대교회를 거쳐, 지금 우리에게까지 이어지고 있습니다.
신약은 예수님의 이야기이자, 동시에 그분을 따르는 모든 사람의 이야기입니다. 그리고 지금 우리도 그 이야기의 일부로 부름 받았다는 사실을 가르쳐줍니다.

5. 성경은 누가, 어떻게 기록했을까요?

성경은 약 1,500년에 걸쳐, 약 40명의 저자에 의해 기록된 책입니다. 이들은 서로 다른 시대, 지역, 배경을 가진 사람들이었지만, 한 가지 공통점이 있습니다. 바로 성령의 감동하심으로 성경을 기록했다는 사실입니다.
디모데후서 3장 16절은 이렇게 말씀합니다.

"모든 성경은 하나님의 감동으로 된 것으로…"

성경 저자들의 배경은 매우 다양합니다. 왕, 시인, 농부, 의사, 세리, 어부, 율법 학자 등 각계각층의 사람들이 하나님의 말씀을 기록했습니다.
예를 들어,

- 모세는 율법서를 기록했고,
- 다윗은 많은 시편을 남겼으며,
- 솔로몬은 잠언, 전도서, 아가 등을 기록했고,
- 바울은 신약의 여러 서신서를 통해 교회와 성도들을

권면했습니다.

이처럼 다양한 사람들을 통해 한 분이신 하나님의 메시지가 일관되게 전해졌다는 사실은 놀라운 일입니다. 이는 성경이 단순한 인간의 기록이 아니라, 하나님의 섭리 아래 쓰였다는 분명한 증거입니다.
또한, 성경은 놀라울 만큼 정교하게 보존되었습니다. 고대에는 양피지, 파피루스, 두루마리 등에 필사되었으며, 수많은 사본이 철저한 검증과 비교를 거쳐 오늘날 우리가 읽는 성경으로 전해졌습니다. 고고학적 발견과 사본 연구는 지금의 성경이 원문에 매우 가까운 번역이라는 사실을 학문적으로 입증해 주고 있습니다. 이 모든 기록과 보존의 과정은, 하나님께서 자신의 말씀을 신실하게 우리에게 전해 주시기 위한 섭리의 역사였습니다. 성경은 사람에 의해 우연히 남겨진 문서가 아니라, 하나님께서 우리와 소통하시려고 일부러 주신 말씀입니다.

마무리하며

성경은 단순한 종교 문서가 아닙니다. 하나님께서 우리를 위해 직접 쓰신 이야기이며, 지금도 우리에게 말씀하시는 살아 있는 책입니다. 성경이 어떻게 구성되었는지를 이해하는 것은 단지 지식을 쌓기 위함이 아닙니다. 그 이해는 우리가 말씀을 더 깊이 사랑하게 만들고, 자신 있게 성경으로 들어갈 수 있도록 돕는 은혜의 초대입니다. 성경은 하나님의 마음이 담긴 편지이며, 그분과 만남이 시작되는 자리입니다. 이 책을 통해 당신의 삶에도 하나님의 이야기가 시작되기를 소망합니다.

나눔

1. 성경이 '한 권의 책'이 아니라 여러 책의 모음이라는 설명을 들었을 때 어떤 느낌이 들었나요?

____

____

2. 구약과 신약의 차이를 듣고 나니, 개인적으로 더 가까이 느껴지는 쪽은 어느 쪽인가요?

____

____

3. 성경이 다양한 사람들에 의해 기록되었다는 점에서 어떤 감동이나 용기를 느끼셨나요?

____

____

4. 장르에 따라 성경을 다르게 읽는 방법에 대해 생각해 본 적이 있나요?

5. 이 장을 통해 성경 전체를 한번 읽어보고 싶다는 마음이 생기셨나요?

제 3 장

성경의 핵심 메시지는 무엇인가요?

제 3 장
성경의 핵심 메시지는 무엇인가요?

하나로 흐르는 이야기

성경은 수천 년에 걸쳐, 다양한 배경을 지닌 사람들이 기록한 66권의 책으로 구성되어 있습니다. 하지만 그 안에는 처음부터 끝까지 일관되게 흐르는 하나의 중심 이야기가 담겨 있습니다. 바로, 하나님께서 죄로 인해 타락한 인류를 어떻게 구원하시는가, 그리고 그 구원을 예수 그리스도를 통해 어떻게 이루셨는가에 관한 이야기입니다. 성경은 단순히 도덕적 교훈이나 종교적 규범을 모아 놓은 책이 아닙니다. 그보다 훨씬 더 깊고 놀라운 메시지, 곧 하나님께서 죄로 인해 무너진 세상을 회복하시기 위해 먼저 우리에게 다가오셨다는 사랑의 기록입니다. 이 구원의 역사는 예수 그리스도의 십자가와 부활을 중심으로 완성되며, 누구든지 이 복음을 믿음으로 받아들이는 자에게 참된 생명과 영원한 소망이 약속됩니다. 성경은 이 복된 소식을 통해 우리를 하나님의 품으로 이끌고, 사랑과 소망, 믿음을 따라 살아가는 새로운 삶으로 초대합니다.

1. 하나님의 구속 역사
: 창조 - 타락 - 구속 - 회복

성경 전체의 큰 흐름은 '창조 - 타락 - 구속 - 회복'이라는 네 가지 단계로 요약할 수 있습니다. 이 네 단계는 성경의 메시지를 올바로 이해하도록 돕는 신학적 지형도이자, 우리 삶의 영적 여정과도 깊이 맞닿아 있습니다. 성경을 이 틀 안에서 바라볼 때, 우리는 하나님의 일관된 계획과 변함없는 사랑을 더 선명하게 발견할 수 있습니다.

(1) 창조 - 하나님께서 시작하심

성경은 "태초에 하나님이 천지를 창조하시니라"(창세기 1:1)라는 선언으로 시작합니다. 이 짧은 구절은 성경 전체의 출발점이자, 하나님이 모든 것의 주권자이심을 선포하는 말씀입니다. 하나님은 혼돈과 공허 속에 질서를 세우시고, 빛과 어둠, 하늘과 바다, 땅과 생명을 말씀으로 창조하셨습니다. 그리고 그 창조의 절정으로 인간을 하나님의 형상대로 지으셨습니다. 하나님은 인간에게 생기를 불어넣어 주셨고, 단지 피조물 중 하나가 아닌, 하나님과 교제하며 그분의 뜻을 이루는 존재로 세우셨습니다. 아담과 하와에게는 "생육하고 번성하라", "땅을 정복하고 다스리라"(창 1:28)라는 사명이 주어졌고, 에덴동산에서는 하나님과의 친밀한 교제 속에서 복된 삶이 시작되었습니다. 이처럼 창조는 하나님과 인간 사이에 신뢰와 사랑, 조화와 질서가 완전히 이루어진 상태였습니다.

(2) 타락 - 인간의 불순종

그러나 인간은 하나님이 주신 자유의지를 잘못 사용함으로써 하나님의 명령을 거스르고 동산 중앙에 있는 나무의 열매, 곧 선악을 알게 하는 나무의 열매를 따 먹게 됩니다(창세기 3장). 아담과 하와의 이 행동은 결코 가벼운 실수가 아닙니다. 이는 하나님의 주권을 거부하고 스스로 주인 되려 한 본질적인 반역이었습니다. 그 결과, 인간은 하나님과의 관계뿐 아니라, 사람과 사람 사이의 관계, 자연과 관계, 자기 자신과 관계까지 모두 깨지게 됩니다.

죄의 결과로 아담과 하와는 하나님 앞에 숨고, 서로를 탓하며, 결국 에덴동산에서 쫓겨납니다. 이후 인류 역사에는 고통과 불의, 질병과 전쟁, 죽음이 자리잡게 되었습니다. 죄는 단지 행동의 문제가 아니라, 인간의 존재 전체를 오염시키는 깊은 병이 되었고, 인간은 마치 부모의 품을 떠난 자녀처럼, 하나님 없이 살아가는 존재가 되었습니다. 이 단절은 오늘날 우리 삶의 혼란과 아픔의 뿌리이기도

합니다.

(3) 구속 - 하나님이 먼저 찾아오심

하지만 하나님은 타락한 인간을 절대로 외면하지 않으셨습니다. 오히려 인간이 죄에 빠진 그 순간부터 구원의 계획을 시작하셨습니다. 창세기 3장 15절에서 하나님은 뱀에게 "여자의 후손이 네 머리를 상하게 할 것"이라 말씀하시며, 장차 오실 구원자에 대한 첫 약속을 주십니다. 이 약속은 이후 아브라함과 언약, 모세를 통한 율법, 다윗 왕조의 계승, 선지자들의 메시지를 통해 점차 구체화됩니다. 그리고 마침내 하나님께서는 예수 그리스도를 이 땅에 보내셔서, 인간의 죄를 대신 짊어지게 하십니다. 죄 없으신 예수님께서 우리 죄를 대신하여 십자가에 달려 죽으셨고, 사흘 만에 부활하심으로 죄와 죽음의 권세를 깨뜨리셨습니다.

구속은 하나님께서 인간의 반역에도 불구하고, 사랑을 포기하지 않으시고 오히려 더 가까이 오셔서 관계를 회복하신 사건입니다. 이 구속의 은혜는 우리의 노력이나 자격이 아닌, 오직 하나님의 전적인 사랑과 은혜로 주어지는 선물입니다.

(4) 회복 - 처음의 아름다움을 다시

성경 마지막 부분은 완전한 회복을 약속합니다. 요한계시록 21장은 새 하늘과 새 땅의 비전을 선포하며, 하나님께서 친히 당신의 백성과 함께 거하시고, 모든 눈물을 닦아주시며, 다시는 사망이나 슬픔, 고통이 없을 것이라고 말씀하십니다. 이 회복은 단지 미래의 소망만을 말하는 것이 아닙니다. 지금 현재, 예수 그리스도를 믿는 이들의 삶 속에서 이미 시작된 현실이기도 합니다. 성령께서 우리 안에 거하시며, 우리의 생각과 마음을 새롭게 하시고, 하나님의 뜻을 따르도록 인도하십니다. 공동체 안에서 서로를 용서하고 사랑하며, 말씀 안에서 깨어진 삶의 조각들이 다시 이어질 때, 우리는 회복의 징후들을 조금씩 경험하게 됩니다.

결국, 회복은 하나님께서 처음 창조하신 질서

와 사랑, 기쁨과 평화가 다시 온전하게 이루어지는 상태입니다. 그날은 반드시 오며, 우리는 지금 그 회복을 향해 믿음으로 걸어가는 중입니다.

이 네 단계—창조, 타락, 구속, 회복—는 단지 성경 속 이야기만이 아닙니다. 바로 우리 각자의 인생 이야기이기도 합니다. 우리는 모두 하나님의 형상대로 지음을 받았지만, 죄로 인해 그분과 멀어졌고, 그분의 은혜로 다시 구속을 경험하며, 지금은 회복의 길을 걷고 있습니다.

여러분은 지금 이 이야기의 어디쯤 서 계십니까?

창조의 뜻을 알지 못해 방황하고 있습니까?

아니면 구원의 기쁨을 누리며 회복의 여정을 걷고 계십니까?

이 네 단계의 이야기는 과거뿐 아니라, 지금, 이 순간에도 우리 안에 이어지고 있는 하나님의 사랑 이야기입니다.

2. 예수 그리스도의 복음과 구원의 중심

성경 전체의 중심은 예수 그리스도이십니다. 그분은 단지 위대한 성인 중 한 명이 아니라, 하나님의 아들이시며, 구약에서 예언된 메시아(구원자)십니다. 하나님은 죄 가운데 멸망할 수밖에 없는 우리를 사랑하셔서, 당신의 아들을 이 땅에 보내셨습니다. 예수님께서는 죄 없이 사셨고, 우리의 죄를 대신하여 십자가에서 돌아가셨으며, 사흘 만에 부활하심으로 죄와 죽음의 권세를 완전히 이기셨습니다. 요한복음 3장 16절은 복음의 핵심을 이렇게 말합니다.

"하나님이 세상을 이처럼 사랑하사
독생자를 주셨으니,
이는 그를 믿는 자마다 멸망하지 않고
영생을 얻게 하려 하심이라."

구원은 우리의 노력이나 자격이 아닌, 하나님의 은혜로 주어지는 선물입니다. 우리가 할 수 있는 일은 없습니다. 다만 믿음으로 그 선물을 받아들이는 것뿐입니다.

에베소서 2장 8-9절은 이렇게 말씀합니다.

"너희는 그 은혜에 의하여
믿음으로 말미암아 구원을 받았으니,
이것은 너희에게서 난 것이 아니요,
하나님의 선물이라.
행위에서 난 것이 아니니,
이는 누구든지 자랑하지 못하게 함이라."

복음은 단순한 정보가 아닙니다. 복음은 "너는 여전히 사랑받고 있다"라고 말씀하시는 하나님의 선언입니다. 죄의 무게에 눌려 있던 우리에게 하나님은 말씀하십니다.

"괜찮아. 내가 다 감당했으니, 너는 이제 내게 오너라."

3. 성경의 중심 주제
: 사랑, 구속, 믿음, 소망

성경에는 수많은 이야기, 인물, 사건이 등장하지만, 이 모든 것을 관통하며 성경 전체를 하나로 묶는 네 가지 중심 주제가 있습니다. 바로 사랑, 구속, 믿음, 소망입니다. 이 네 단어는 하나님의 마음과 행동, 그리고 인간의 응답과 삶의 방향을 담고 있는 성경의 심장과도 같은 메시지입니다.

(1) 사랑 - 하나님은 죄인 된 우리를 조건 없이 사랑하셨습니다

성경 전체를 가장 깊이 움직이는 힘은 바로 하나님의 사랑입니다. 하나님께서는 우리가 그분을 알기도 전에, 오히려 등을 돌리고 죄 가운데 살아가고 있을 때도 먼저 우리를 사랑하셨습니다.
로마서 5장 8절은 이 사랑을 이렇게 증언합니다.

"우리가 아직 죄인 되었을 때에
그리스도께서 우리를 위하여 죽으심으로,
하나님께서 우리에 대한
자기의 사랑을 확증하셨느니라."

이 사랑은 인간적인 감정이 아닙니다. 조건이나 자격을 따지지 않으며, 오직 은혜로 주어지는 사랑입니다. 하나님은 죄에 빠진 인간을 정죄하고 끝내지 않으시고, 오히려 다시 찾아오셔서 회복시키기 원하시는 분입니다. 성경은 이 하나님의 사랑으로부터 출발하며, 그 사랑 안에서 모든 이야기가 움직입니다.

(2) 구속 - 하나님은 그 사랑으로 우리를 죄에서 구해내셨습니다

하나님의 사랑은 말씀에만 머물지 않았습니다. 그 사랑은 행동으로 나타났고, 실제 대가를 치르는 희생으로 드러났습니다. 그것이 바로 구속입니다. '구속'은 본래 값을 지급하고 노예를 자유롭게 하는 행위를 뜻합니다. 성경은 우리가 모두 죄의 종으로 팔려있었던 존재라고 말합니다. 그 누구도 자기 힘으로는 하나님께 나아갈 수 없었습니다. 그러나 하나님은 예수 그리스도를 통해 우리를 되찾으셨습니다. 예수님께서는 십자가에서 피를 흘리시며 우리의 죗값을 대신 치르셨고, 그 희생을 통해 우리는 다시 하나님의 자녀, 하나님의 소유가 되었습니다. 구속은 하나님의 사랑이 실체가 된 사건이며, 우리는 그로 인해 새로운 신분과 자유를 얻게 되었습니다.

(3) 믿음 - 우리는 이 구원을 믿음으로 받아들입니다

하나님께서 사랑으로 베푸신 구속은 강제로 우리 삶에 유입되지 않습니다. 그 구원은 선물처럼 우리 앞에 놓여 있으며, 우리는 믿음으로 응답함으로써 그 구원을 받아들이게 됩니다.

히브리서 11장 1절은 믿음을 이렇게 정의합니다.

"믿음은 바라는 것들의 실상이요,

보이지 않는 것들의 증거니…"

믿음은 보이지 않는 하나님의 약속을 실제처럼 여기며, 그 약속에 신뢰하며 삶을 맡기는 행위입니다. 하나님은 먼저 완전한 이해를 요구하지 않으시고, 마음을 열고 받아들일 것을 원하십니다.

믿음은 구원의 문을 여는 열쇠이며, 하나님의 사랑과 구속이 나를 위한 것임을 고백하는 믿음의 응답입니다. 이 믿음을 통해 우리는 하나님과의 관계 안으로 들어가게 됩니다.

(4) 소망 - 예수님의 부활은 우리에게 산 소망을 주셨습니다

사랑이 구속을 이루고, 믿음이 그 구속을 받아들이게 한다면, 그 결과로 주어지는 것은 '소망'입니다. 예수님의 부활은 죽음이 끝이 아님을 보여주셨고, 우리가 지금의 고난과 한계를 넘어 영원한 생명을 바라볼 수 있는 근거가 되셨습니다.

베드로전서 1장 3절은 말합니다.

"예수 그리스도를 죽은 자 가운데서

부활하게 하심으로 말미암아,

우리를 거듭나게 하사 산 소망이 있게 하시며…"

이 소망은 막연한 기대가 아닙니다. 하나님의 약속과 예수님의 부활이라는 분명한 근거 위에 있는 '산 소망'입니다. 이 소망은 고난 중에도 낙심하지 않게 하며, 눈물 속에서도 하나님을 신뢰하게 만들며, 현재를 살아가면서도 하나님 나라의 완성을 바라보게 하는 힘이 됩니다.
사랑은 하나님의 본심이며, 그 사랑은 '구속'이라는 놀라운 행동으로 나타났습니다. 구속은 '믿음'을 통해 우리 안에 적용되고, 믿음을 가진 자는 이제 '소망' 가운데 새로운 삶을 살아가게 됩니다.
이 네 가지는 각각 따로 떨어진 개념이 아니라, 성경 전체를 하나로 엮는 생명의 고리입니다. 그리고 이 고리는 지금도 우리 안에서 살아 역사하며, 우리를 하나님의 나라로 이끄는 복음 그 자체입니다.

마무리하며

성경은 단지 오래된 이야기 모음집이 아닙니다. 하나님께서 나를 찾아오신 이야기이며, 지금, 이 순간에도 나를 초대하시는 생명의 말씀입니다. 예수 그리스도를 중심으로 한 이 복음은 우리의 과거를 치유하고, 현재를 변화시키며, 미래에 대한 소망을 심어 줍니다.
성경의 메시지는 오늘도 우리를 향해 이렇게 말합니다.

"너는 내 사랑하는 자녀다.
나는 너를 결코 포기하지 않는다"
(히 13:5l; 요일 3:1)

이 복된 소식 앞에서, 우리의 삶은 이전과 같을 수 없습니다. 이제 이 복음을 마음에 새기고, 다음 장에서는 이 말씀을 어떻게 읽고 삶에 적용할 수 있을지를 함께 나누겠습니다.

나눔

1. '창조-타락-구속-회복' 중에서, 지금 나는 어떤 단계에 있는 것 같다고 느끼시나요?

2. 예수님께서 '내 죄를 대신해 죽으셨다'라는 사실이 여러분에게 어떤 의미로 다가오나요?

3. 하나님의 사랑을 실제로 경험했던 순간이 있다면 언제였나요?

4. 믿음과 소망이 내 삶에서 어떤 역할을 하고 있다
고 느끼시나요?

5. 이 장을 통해 성경이 나에게 주고자 하는 중심 메
시지를 한 문장으로 정리해본다면 무엇인가요?

제 4 장

성경을 어떻게 읽는 것이 좋을까요?

제 4 장 성경을 어떻게 읽는 것이 좋을까요?

1. 성경, 어디서부터 어떻게 시작해야 할까요?

많은 이들이 성경을 읽겠다고 결심하지만, 막상 펼쳐 보면 어디서부터 시작해야 할지 몰라 어려움을 겪습니다. 어떤 분은 '정독'을 다짐하고 창세기부터 읽다가 출애굽기나 레위기에서 지쳐 중단하기도 하고, 또 어떤 분은 눈에 띄는 구절들만 골라 읽다가 성경 전체의 흐름을 놓치기도 합니다.

그럴 때면 이런 생각이 들기도 합니다.

"나는 성경을 잘 못 읽는 사람인가?"

"이 책은 너무 어렵다. 나랑은 안 맞나 보다."

괜찮습니다. 누구나 처음에는 그렇게 느낍니다. 성경은 우리를 시험하려는 책이 아니라, 하나님께서 우리를 만나기 위해 주신 책입니다. 처음이 어렵다고 멈추지 마세요. 방향만 제대로 잡는다면, 말씀은 언제나 우리를 기다리고 있습니다.

이 장에서는 성경을 바르게, 그리고 꾸준히 읽을 수 있도록 돕는 실제적이고 신앙적인 원칙과 방법들을 함께 나누려 합니다. 하나님을 만나기 위한 첫걸음, 함께 시작해 봅시다.

2. 성경 읽기의 기본 원칙과 방법

성경을 올바로 읽기 위해 기억해야 할 몇 가지 기본 원칙이 있습니다. 성경 읽기는 단순한 독서 요령이나 기술이 아니기 때문에 하나님의 말씀 앞에 서는 신중하고 경건한 자세를 가져야 합니다. 이 원칙들을 기억한다면, 우리는 말씀의 깊은 뜻에 더욱 가까이 다가가게 될 것입니다.

(1) 전체적인 흐름을 파악하세요

성경은 총 66권, 약 1,500년에 걸쳐 다양한 저자들에 의해 기록되었습니다. 겉으로는 방대한 이야기와 수많은 인물, 사건으로 구성된 것처럼 보이지만, 그 모든 내용은 하나의 중심 줄기, 곧 하나님께서 죄 가운데 있는 인류를 구원하시려는 구원의 역사로 연결되어 있습니다. 성경을 읽을 때는 본문 하나하나가 전체 이야기 속에서 어떤 역할을 하는지 이해하려는 노력이 필요합니다. 예를 들어, 출애굽기의 사건이 고대 이스라엘 민족의 이야기가 아니라, 죄의 노예 된 우리를 하나님께서 해방하시는 구원의 그림자입니다. 이 구원은 결국 예수님의 십자가에서 완성됩니다. 이처럼 큰 흐름을 이해하고 읽을 때, 성경은 단절된 사건들의 모음이 아니라 하나의 구원의 드라마임을 알게 됩니다. 이 원칙은 성경을 처음 읽는 분들에게 특히 중요한 방향성을 제시해 줍니다.

(2) 문맥을 고려하세요

성경의 말씀은 언제나 문맥 속에서 의미를 가집니다. 단지 한 구절만 따로 떼어 읽으면, 본래의 뜻이 왜곡되거나 오해될 수 있습니다. 예를 들어, "내게 능력 주시는 자 안에서 내가 모든 것을 할 수 있느니라"(빌립보서 4:13)라는 구절은 겉으로 보면 무한한 가능성을 말하는 것처럼 보일 수 있습니다. 하지만 그 앞뒤 문맥을 보면, 바울은 어떤 상황에서도 자족하는 삶을 고백하며 신앙 안에서 평안과 담대함을 이야기하고 있습니다. 문맥을 고려한다는 것은 말씀의 진의를 존중하고, 하나님의 의도를 진지하게 받아들이려는 겸손한 독자의 자세입니다.

(3) 성경은 성경으로 해석하세요

성경은 스스로를 해석하는 책입니다. 어떤 본문이 이해되지 않거나 모호할 때, 성경 안의 다른 본문을 통해 그 의미를 찾아가는 것이 가장 안전한 해석 방법입니다. 예수님께서 "나는 선한 목자"라고 하신 말씀(요 10:11)은

시편 23편, 에스겔 34장과 연결될 때, 목자의 마음으로 백성을 돌보시는 하나님을 더 깊이 이해할 수 있습니다. 바울서신 안에 있는 많은 표현도, 복음서나 구약의 맥락 속에서 읽을 때 더 풍성한 의미를 발견하게 됩니다. 성경은 하나님께서 하신 말씀이기 때문에, 본문들은 서로 연결되고, 서로를 비추며, 서로를 해석하는 유기적인 구조로 되어 있습니다.

이 세 가지 원칙을 기억한다면, 성경을 더는 막막하거나 추상적인 책으로 이해하지는 않을 것입니다. 오히려 하나님의 시선으로 인류의 역사와 내 삶을 바라보는 거울이 되며, 말씀이 지식이 아닌 생명으로 다가오게 될 것입니다.

3. 묵상과 기도를 통한 성경 이해

성경 읽기는 지식을 얻기 위한 정보 탐색이 아니라, 하나님과 인격적인 대화입니다. 말씀 앞에 머무는 시간은 곧 영혼의 호흡이자, 하나님의 임재 안에 거하는 시간입니다.

(1) 묵상: 말씀을 마음에 머물게 하는 것

묵상은 말씀을 읽고 흘려보내는 것이 아니라, 그 말씀이 내 안에 머물도록 깊이 새기고 되새기는 시간입니다. 짧은 구절이라도 천천히 반복해서 읽으며, 단어 하나하나를 곱씹어 보는 것이 그 시작입니다. 예를 들어, 시편 23편 1절 "여호와는 나의 목자시니 내게 부족함이 없으리로다"를 묵상할 때, 이런 질문을 스스로 던져 볼 수 있습니다.

"나는 지금 무엇이 부족하다고 느끼는가?"

"나는 정말 주님을 나의 목자로 신뢰하고 있는가?"

이처럼 묵상은 말씀을 삶의 현실과 연결하고, 그 말씀 앞에서 내 상태를 비추어 보는 정직한 성찰의 시간입니다.

(2) 기도: 말씀에 응답하는 것

묵상이 하나님의 음성을 듣는 시간이라면, 기도는 그 말씀에 반응하고 응답하는 시간입니다. 기도는 말씀이 주는 은혜를 삶으로 연결하는 다리입니다.

말씀을 읽고 난 후,

> "하나님, 이 말씀대로 살고 싶지만, 용기가 필요합니다."
>
> "주님, 이 말씀이 지금 제 상황과 어떻게 연결되는지 깨닫게 해주세요."

라고 기도해 보세요. 이와 같은 고백이 진정한 기도입니다.

기도를 완벽하게 하려고 애쓸 필요가 없습니다. 중요한 것은 말씀을 마음에 담고, 하나님 앞에 솔직하게 나아가는 것입니다.

말씀과 기도가 함께할 때, 성경 읽기는 하나님과 동행의 길이 됩니다.

처음에는 어렵고 어색해도, 그 자리에서 가장 깊은 평안과 생명력을 경험하게 될 것입니다.

4. 성경 읽기를 돕는 유익한 도구들

하나님은 우리가 말씀을 더 잘 이해하고 누릴 수 있도록 다양한 도구들을 허락해 주셨습니다. 이 도구들은 말씀보다 앞서지 않지만, 말씀을 더 깊이 가까이하는 징검다리가 되어 줍니다.

(1) 주석서

본문의 의미와 배경을 설명해 주는 도구입니다. 예를 들어 고린도전후서를 읽을 때에 당시 고린도교회, 유대인의 문화, 고대 풍습 등을 안다면 말씀이 더 입체적으로 이해됩니다. 처음 말씀을 접하는 분들에게는 학문적인 주석보다는 목회적 해설서나 신앙 에세이형 주석이 좋습니다. 단, 주석은 말씀을 이해하기 위한 도움일 뿐 절대 기준이 아님을 잊지 말아야 합니다.

(2) 성경 앱

스마트폰을 통해 언제 어디서든 말씀을 접할

수 있습니다. 다양한 번역본, 오디오 성경, 묵상 콘텐츠, 읽기 계획 등이 제공되며, 특히 말씀을 처음 접하는 분에게 유익한 도구입니다. 단, 방해 요소를 줄이기 위해 읽는 시간에는 알림을 꺼두거나 조용한 환경을 선택하는 것이 좋습니다.

(3) 성경 읽기 계획표

꾸준한 성경 읽기를 위한 실용적인 도구입니다. 1년 1독표, 주제별 읽기표, 신약 중심 읽기표 등 자신의 상황에 맞는 계획을 세우는 것이 중요합니다. 중요한 것은 완벽하게 지키는 것이 아니라, 지금 다시 시작하는 것, 그리고 말씀과 동행하려는 마음입니다.

5. 성경의 언어와 문화적 배경 이해하기

성경은 수천 년 전의 문화 속에서 기록되었습니다. 그 시대의 언어와 풍습, 사회적 맥락을 조금 이해하면, 말씀이 훨씬 더 생생하게 다가옵니다.

- 원어 이해: 구약은 히브리어/아람어, 신약은 헬라어로 기록되었습니다. 다양한 번역본을 비교해 보면 더 풍성한 의미가 드러납니다.

- 문화적 배경: '씨 뿌리는 자', '목자', '포도원' 같은 표현은 당시 일상 언어였습니다. 이를 알면 비유의 의미가 더 깊어집니다.

- 사회적 맥락: 예수님의 '하나님 나라' 선포는 단지 종교적 메시지가 아니라, 로마 제국의 억압 속에 있던 백성에게 전한 해방과 희망의 선언이었습니다.

성경은 과거의 기록이지만, 그 문화와 맥락을 이해할 때, 지금 내 삶과 연결된 하나님의 살아 있는 말씀이 됩니다.

마무리하며

성경을 읽는다는 것은 하나님과의 만남으로 들어가는 것입니다. 처음엔 낯설고 어렵게 느껴질 수 있지만, 말씀을 묵상하고, 기도로 응답하며, 하나님께 마음을 여는 과정에서 우리는 조용히 변화되고 자라납니다. 성경은 지식의 책이 아니라, 삶을 변화시키는 하나님의 말씀입니다.

이제 다음 장에서는, 이 말씀이 어떻게 시대를 초월해 오늘까지 전해졌고, 왜 우리가 하나님의 말씀으로 신뢰할 수 있는지 함께 살펴보려 합니다.

나눔

1. 지금까지 성경을 읽으려 할 때 가장 어려웠던 점은 무엇이었나요?

2. 오늘 들은 성경 읽기의 원칙 중, 나에게 가장 필요하다고 느껴진 것은 무엇인가요?

3. 성경을 '하나님과 대화'로 느꼈던 경험이 있나요? 있다면 어떤 순간이었는지 나눠보세요.

4. 나의 상황에서 도움이 될 만한 성경 도구 하나를 골라본다면 무엇일까요?

5. 이번 장을 통해 성경을 읽는 이유에 대해 생각이 달라진 부분이 있다면 무엇인가요?

제 5 장

성경과 우리 삶을 비교해 볼까요?

제 5 장
성경과 우리 삶을 비교해 볼까요?

말씀은 나를 향한 하나님의 음성입니다. 성경은 단지 오래된 고전이나 지식을 위한 책이 아닙니다. 성경은 지금도 살아 역사하시는 하나님의 말씀이며, 오늘을 살아가는 우리의 삶 속에서 실제적인 변화와 능력을 주는 생명의 말씀입니다. 하나님은 성경을 통해 우리가 무엇을 믿고, 어떻게 살아야 하는지를 가르쳐 주십니다. 말씀은 우리의 마음을 변화시키고, 행동을 바꾸며, 가치관을 새롭게 하시는 하나님의 도구입니다. 이번 장에서는 말씀과 삶이 어떻게 연결되는지, 왜 성경이 우리 삶의 중심이 되어야 하는지, 그리고 그 말씀이 우리를 어떻게 인도하시는지 함께 살펴보겠습니다.

1. 성경은 우리의 일상에 어떻게 영향을 미칠까요?

성경은 오래전에 기록된 책이지만, 그 안에 담긴 말씀은 오늘을 살아가는 우리 삶 속에서도 여전히 살아서 역사하시는 하나님의 음성입니다. 말씀은 일반적인 교훈이 아닙니다. 우리의 감정과 생각, 말과 행동에 실제로 영향을 미치며, 삶을 변화시키는 능력 있는 도구입니다. 말씀을 읽고 묵상하는 시간은 단지 지식을 더하는 공부가 아니라, 하나님과 만남 속에서 삶의 방향과 태도를 새롭게 정리하는 시간입니다.

시편 119편 105절은 이렇게 고백합니다.

"주의 말씀은 내 발에 등이요, 내 길에 빛이니이다."

말씀은 삶의 어둠 속에서도 길을 밝히는 등불, 곧 하나님의 인도하심입니다. 세상의 정보와 감정이 우리를 흔들 때, 말씀은 조용하지만 분명하게 하나님이 기뻐하시는 길로 걸어가도록 이끌어 줍니다. 예를 들어, 지친 하루 끝에 마음이 상해 있을 때 "모든 일을 원망 없이 하라"(빌립보서 2:14)는 말씀은 불평과 짜증을 내려놓게 하는 하나님의 다정한 권면으로 다가옵니다.

또한, 사람들과 갈등 속에서 "서로 용납하고 피차 용서하라"(골로새서 3:13)는 말씀은 감정을 넘어서 화해의 용기를 주는 하나님의 음성이 됩니다.

직장에서 불의한 이익 앞에서 갈등할 때, "정직하게 행하라", "사람이 아닌 하나님을 기쁘시게 하라"는 말씀은 보이지 않는 하나님의 기준을 따라 살아가도록 우리를 붙잡아 줍니다.

이처럼 성경은 오늘 우리의 삶의 자리에 응답하시는 하나님의 살아 있는 음성입니다. 말씀 앞에 머무는 시간은 하나님께 나를 여는 회복의 시간이며, 그분의 지혜와 평안으로 다시 채워지는 은혜의 자리입니다.

2. 성경적 가치관이 세상 속에서 어떻게 적용될까요?

현대 사회는 수많은 가치관과 기준이 얽혀 있는 혼란의 시대입니다. 사람들은 성공과 만족을 좇지만, 그 기준은 점점 물질적이고 경쟁 중심적으로 바뀝니다.

"더 많이 가져야 행복하다."

"눈에 띄어야 인정받는다."

"남들보다 앞서야 가치 있다."

이런 메시지들은 우리가 끊임없이 비교하고, 내가 가지지 못한 것에 집중하도록 만듭니다. 하지만 성경은 전혀 다른 방향을 제시합니다. 하나님 중심의 삶, 이웃을 향한 사랑과 섬김, 겉모습이 아닌 마음을 보시는 하나님의 시선을 가지게 합니다.

예수님께서 말씀하셨습니다.

"너희는 먼저 그의 나라와 그의 의를 구하라"(마태복

음 6:33).

이 말씀은 삶의 우선순위를 다시 정렬하라는 부르심입니다. 하나님을 먼저 구하면, 나머지는 하나님께서 책임지신다는 약속입니다.
또한, 세상은 "자신을 드러내고 돋보이게 하라"고 말하지만, 예수님께서는 제자들의 발을 씻기심으로써, 진정한 위대함은 섬김과 낮아짐에 있다는 진리를 보여주셨습니다(요한복음 13장). 물론 성경적 가치관을 따라 살아가기는 쉽지 않습니다. 손해를 보는 것 같고, 세상과 거리가 멀어지는 것처럼 느낄 수 있습니다.

"정직하게 살면 바보 아니야?"
"양보하면 얕보이지 않을까?"

이런 불안이 들 때, 성경은 이렇게 말합니다.

"무릇 그리스도 예수 안에서 경건하게 살고자 하는 자는 박해를 받으리라"(딤후 3:12)

이 말은 믿음의 길에는 갈등도 있지만, 그 길이야말로 하나님과 동행하는 진실하고 복된 길이라는 위로입니다. 하나님은 겉으로 보이는 성공보다 마음의 진실함과 말씀에 대한 순종을 더 귀히 여기십니다. 그래서 세상 기준으로는 더디 가는 것처럼 보여도, 그 길 끝에는 하나님의 평안과 인도하심, 흔들리지 않는 기쁨이 기다리고 있습니다. 성경적 가치관은 추상적 이상이 아니라, 현실 속에서도 우리를 하나님의 사람으로 빚어가는 삶의 기준입니다. 그 다름이 바로 거룩함이며, 우리는 그 거룩함 속에서 하나님의 형상을 닮아갑니다.

3. 성경을 통한 인격 변화와 신앙 성장

성경은 우리의 내면을 새롭게 하시는 하나님의 은혜의 통로입니다.

로마서 12장 2절은 말합니다.

"이 세대를 본받지 말고,
오직 마음을 새롭게 함으로 변화를 받아
하나님의 선하시고 기뻐하시고 온전하신 뜻이
무엇인지 분별하도록 하라."

말씀 앞에 서면 우리는 자신을 돌아보게 됩니다. 교만은 꺾이고, 잘못된 습관은 드러나며, 용서, 인내, 겸손, 사랑을 배워 가게 됩니다. 말씀은 하나님의 형상대로 우리를 다시 빚어가는 거울입니다. 또한, 말씀은 믿음을 자라게 하는 영적 양식입니다.
로마서 10장 17절은 말합니다.

"믿음은 들음에서 나며,
들음은 그리스도의 말씀으로 말미암느니라."

말씀을 읽고 듣고 묵상할 때, 우리는 하나님을 더 깊이 알아가고 신뢰의 뿌리를 깊이 내리는 믿음을 갖게 됩니다. 성경은 사람을 변화시키는 생명의 책입니다.

4. 성경의 신뢰성과 권위

우리가 성경을 삶의 기준으로 삼기 위해서는, 그 말씀이 지금도 믿을 수 있는 진리라는 확신이 필요합니다. 다행히도 성경은 수천 년에 걸쳐 기록되었음에도 놀라운 일관성과 역사성, 그리고 고고학적·신앙적 근거로 그 권위를 입증하고 있습니다.

(1) 역사적 사실성

성경은 신화나 상징이 아닙니다. 시간과 공간 안에서 실제로 일어난 사건들과 인물들을 담고 있는 역사적 기록입니다. 예수님의 생애와 초대 교회에 대한 언급은 요세푸스, 타키투스 같은 비기독교 역사학자들의 기록에도 등장합니다. 이것은 성경이 하나님의 구원을 실제 역사 속에 실현하신 이야기임을 보여줍니다.

(2) 고고학적 증거들

여리고 성의 붕괴, 다윗 왕의 존재, 바벨론 포로기 흔적 등은 고고학을 통해 확인되고 있습니다. 이러한 발견들은 성경이 꾸며낸 이야기가 아니라, 역사적 기반 위에 기록된 책이라는 사실을 뒷받침합니다.

(3) 시대를 초월한 영향력

성경은 약 2,000년간 2,000개 이상의 언어로 번역되어 읽히며, 전 세계에서 가장 많이 읽히고 인용되는 책입니다. 시대와 문화는 변해도, 하나님의 사랑, 인간의 죄, 구원, 소망의 메시지는 절대로 변하지 않았습니다. 성경은 지금도 살아 있는 하나님의 음성이며, 우리를 부르시는 변함없는 진리의 기준입니다.

마무리하며

성경은 우리가 어디로 가야 할지 알려주는 영적 나침반입니다. 흔들리는 세상 속에서도 말씀은 늘 같은 방향을 가리키며 하나님의 길로 우리를 이끌어 줍니다. 말씀을 가까이하는 삶은 하나님의 시선으로 세상을 보고, 말씀에 따라 나 자신을 조율해 가는 삶입니다. 그 여정 속에서 인격은 변화되고, 믿음은 자라며, 하나님과 관계는 깊어집니다. 성경은 단지 우리 삶에 영향을 주는 여러 책 중 하나가 아닙니다. 우리 존재를 새롭게 하시고, 영혼을 살리시는 하나님의 살아 있는 음성입니다.

나눔

1. 최근 성경 말씀을 통해 삶의 방향이나 태도가 바뀐 경험이 있나요?

2. 세상 속 가치관과 말씀 사이에서 갈등을 느꼈던 순간이 있었다면 언제였나요?

3. 말씀이 내 인격이나 행동에 실제 변화를 주었다고 느낀 적이 있나요?

4. '성경은 신뢰할 만하다'라는 확신이 내 안에 얼마나 있는지, 그 이유는 무엇인가요?

5. 지금 내 삶에서 말씀은 어떤 역할을 하기를 원하시나요? (빛, 위로, 치유, 도전 등)

처음 만나는 성경 이야기

초판 인쇄일 2025년 8월 29일

초판 발행일 2025년 9월 10일

지은이 주기철

발행인 이기룡

펴낸곳 생명의양식

등록번호 서울 제22-1443호(1998년 11월 3일)

주 소 서울특별시 서초구 고무래로 10-5(반포동)

전 화 (02)592-0986

팩 스 (02)595-7821

홈페이지 qtland.com

디자인 이새봄